COLEÇÃO

ALECRIM
educação infantil

1 Parte 1

Organizadora: SM Educação
Obra coletiva concebida, desenvolvida
e produzida por SM Educação.

2ª edição, São Paulo, 2019

Coleção Alecrim 1 – Parte 1
Projeto editorial - SM   © SM
© Edições SM Ltda.
Todos os direitos reservados

Direção editorial	M. Esther Nejm
Gerência editorial	Cláudia Carvalho Neves
Gerência de *design* e produção	André Monteiro
Autoria	Goyi Martín Fernández, Isabel Duran, Javier Bernabeu, Nieves Herrero Parral, Rosa M. Roca, Teresa Abellán
Edição executiva	Cláudia Carvalho Neves
	Edição: Ana Alvares, Sandra Regina de Souza
	Suporte editorial: Fernanda Fortunato
Coordenação de preparação e revisão	Cláudia Rodrigues do Espírito Santo
	Preparação: Eliane Santoro
	Revisão: Andrea Vidal, Fernanda Souza, Joana Junqueira Borges
Coordenação de *design*	Gilciane Munhoz
Coordenação de arte	Ulisses Pires
	Edição de arte: Andreza Cristina Moreira, Eduardo Sokei
	Diagramação: Andreza Cristina Moreira
Coordenação de iconografia	Josiane Laurentino
	Pesquisa iconográfica: Bianca Fanelli, Susan Eiko
	Tratamento de imagem: Marcelo Casaro
Capa	Fernanda Fencz
Ilustração de capa	Bruna Assis Brasil
Projeto gráfico	Estúdio SM
Ilustrações	Alberto García Ayerbe, Alya Mark, Arianeta, Avi, Betowers Illustrations, Carles Martí García, Jordi Sales Roqueta, José Ángel Labari, Katja Enseling, Marta Dansa, Mirella Spinelli, M.ª Ángeles Aznar Medina, Mónica Pérez Mediavilla, Sígrid Martínez Peña, Shutterstock
Pré-impressão	Américo Jesus
Fabricação	Alexander Maeda
Impressão	Ricargraf

Dados Internacionais de Catalogação na Publicação (CIP)
(Câmara Brasileira do Livro, SP, Brasil)

Alecrim 1 : educação infantil / organizadora Edições
  SM ; obra coletiva concebida, desenvolvida e
  produzida por Edições SM. — 2. ed. — São Paulo :
  Edições SM, 2019.

  ISBN 978-85-418-2422-4 (aluno)
  ISBN 978-85-418-2425-5 (professor)

  1. Atividades 2. Educação infantil

19-27122   CDD-372.21

Índices para catálogo sistemático:
1. Educação infantil 372.21

Maria Alice Ferreira – Bibliotecária – CRB-8/7964

2ª edição, 2019

SM Educação
Rua Tenente Lycurgo Lopes da Cruz, 55
Água Branca 05036-120 São Paulo SP Brasil
Tel. 11 2111-7400
edicoessm@grupo-sm.com
www.edicoessm.com.br

Crédito das imagens

UNIDADE 1
Ficha 6: Mark Aplet/Shutterstock.com/ID/BR, Gelpi/iStock/Getty Images, chalrumpon onnongwa/Shutterstock.com/ID/BR, invizbk/iStock/Getty Images, Dejan Dundjerski/Shutterstock.com/ID/BR, Mr_POKPAK/iStock/Getty Images
Ficha 7: monticello/Shutterstock.com/ID/BR, Joey Chung/Shutterstock.com/ID/BR, nednapa/Shutterstock.com/ID/BR, chaofann/iStock/Getty Images, Mehmet Cetin/Shutterstock.com/ID/BR, Mehmet Cetin/Shutterstock.com/ID/BR
Ficha 9: chaythawin/Shutterstock.com/ID/BR, Stanislav V./Shutterstock.com/ID/BR, DNY59/iStock/Getty Images, TerraceStudio/Shutterstock.com/ID/BR, Hayati Kayhan/Shutterstock.com/ID/BR
Ficha 10: Issaurinko/iStock/Getty Images, FeellFree/Shutterstock.com/ID/BR, Mosutatsu/iStock/Getty Images, MyImages - Micha/Shutterstock.com/ID/BR, Carlos Restrepo/Shutterstock.com/ID/BR, Coprid/Shutterstock.com/ID/BR
Ficha 13: Arquivo SM/ID/ES
Ficha 14: jlcst/iStock/Getty Images
Ficha 18: Roman Samokhin/iStock/Getty Images, Picsfive/iSotkc/Getty Images, MediaProduction/iStock/Getty Images
Ficha 20: Projeto Portinari/Reprodução autorizada por João Candido Portinari
Ficha 21: zayatssv/iStock/Getty Images, Valesca Hogeboom/Shutterstock.com/ID/BR, Brian C. Weed/Shutterstock.com/ID/BR, pukach/Shutterstock.com/ID/BR
Ficha 22: Abramova Elena/Shutterstock.com/ID/BR, Edições SM/Arquivo da editora, Halfpoint/Shutterstock.com/ID/BR

UNIDADE 2
Ficha 4: Africa Studio/Shutterstock.com/ID/BR, negativkz/Shutterstock.com/ID/BR, negativkz/Shutterstock.com/ID/BR, paranut/Shutterstock.com/ID/BR, belka_35/Shutterstock.com/ID/BR, Designsstock/Shutterstock.com/ID/BR
Ficha 5: andy0man/Shutterstock.com/ID/BR
Ficha 6: PeopleImages/iStock/Getty Images, suzieleakey/iStock/Getty Images, twinsterphoto/iStock/Getty Images
Ficha 10: Coprid/iStock/Getty Images, Serhii Tsyhanok/Shutterstock.com/ID/BR
Ficha 11: ajt/iStock/Getty Images, Ukki Studio/Shutterstock.com/ID/BR, ajt/iStock/Getty Images, Ukki Studio/Shutterstock.com/ID/BR
Ficha 12: Por Monkey Business Images/Shutterstock.com/ID/BR, sunabesyou/Shutterstock.com/ID/BR, GiselleFlissak/Shutterstock.com/ID/BR, Lolkaphoto/iStockphoto.com/ID/BR, Prykhodov/iStock/Getty Images, Mr.Teerapong Kunkaeo/Shutterstock.com/ID/BR
Ficha 16: Instituto de Arte de Chicago, Estados Unidos. Fotografias: Bridgeman Images/ Easy pix
Ficha 19: kutaytanir/iStock/Getty Images, julichka/iStock/Getty Images, Turnervisual/iStock/Getty Images, anna1311/iStock/Getty Images, Viktar/iStock/Getty Images, t_kimura/iStock/Getty Images
Ficha 24: kiankhoon/iStock/Getty Images

UNIDADE 3
Ficha 2: MBI/Shutterstock.com/ID/BR, Chepko Danil Vitalevich/Shutterstock.com/ID/BR, RinoCdZ/iStock/Getty Images
Ficha 6: Antagain/iStock/Getty Images, Irina Rogova/Shutterstock.com/ID/BR, shutterIk/Shutterstock.com/ID/BR, 3Dstock/Shutterstock.com/ID/BR, Yury Gulakov/iStock/Getty Images
Ficha 7: Happy Stock Photo/Shutterstock.com/ID/BR, igorad1/Shutterstock.com/ID/BR, Nattanan Boontub/Shutterstock.com/ID/BR, Warapatr_s/iStock/Getty Images, Nikita Rogul/Shutterstock.com/ID/BR, Jiri Vratislavsky/Shutterstock.com/ID/BR, Mega Pixel/Shutterstock.com/ID/BR
Ficha 10: Nataliya Ostapenko/Shutterstock.com/ID/BR, Savany/iStock/Getty Images, VisualField/iStock/Getty Images
Ficha 11: Naypong/iStock/Getty Images, Maks Narodenko/Shutterstock.com/ID/BR, gavran333/iStock/Getty Images, Marina Sliusarenko/Shutterstock.com/ID/BR, Grandpa/Shutterstock.com/ID/BR, CGinspiration/iStock/Getty Images
Ficha 13: Yury Gulakov/Shutterstock.com/ID/BR, FabrikaSimf/Shutterstock.com/ID/BR, Green Leaf/Shutterstock.com/ID/BR, Pavel V Mukhin/Shutterstock.com/ID/BR
Ficha 16: SolStock/iStock/Getty Images, George Rudy/Shutterstock.com/ID/BR
Ficha 19: Museo del Prado, Madrid. Fotografia: ID/BR

PULGUINHA
Página 16: Arquivo SM/ID/ES

OS SENTIDOS
Capa: Getty Images/amana images RF
Página 2: Delfinkina/iStock/Getty Images, sonya etchison/Shutterstock.com/ID/BR, gpointstudio/Shutterstock.com/ID/BR
Página 3: TaniaKolinko/Shutterstock.com/ID/BR, Ronnachai Palas/Shutterstock.com/ID/BR, MilaSemenova/iStock/Getty Images
Página 4: Monika Gniot/Shutterstock.com/ID/BR, AniTophoto/iStock/Getty Images, Stockbyte/Getty Images, daboost/iStock/Getty Images
Página 5: Africa Studio/Shutterstock.com/ID/BR
Página 6: Photographee.eu/Shutterstock.com/ID/BR, Stone Sub/Getty Images, Olga Gorchichko/Shutterstock.com/ID/BR, Anna Kurzaeva/Shutterstock.com/ID/BR, wavebreakmedia/Shutterstock.com/ID/BR, andy_Q/iStock/Getty Images
Página 7: Chepko Danil Vitalevich/Shutterstock.com/ID/BR, emptyclouds/iStock/Getty Images, FreeBirdPhotos/Shutterstock.com/ID/BR, Squaredpixels/iStock/Getty Images, Pressmaster/Shutterstock.com/ID/BR
Página 8: Maartje van Caspel/iStock/Getty Images, Jack Hong/Shutterstock.com/ID/BR

OS TRÊS PORQUINHOS
Página 16: Arquivo SM/ID/ES

OS ANIMAIS
Capa: Arquivo SM/ID/ES
Página 2: konradlew/iStock/Getty Images, idal/iStock/Getty Images, marcbacon/Shutterstock.com/ID/BR, Kenneth Canning/iStock/Getty Images, KeithSzafranski/iStock/Getty Images
Página 3: scanrail/iStock/Getty Images, Chepko/iStock/Getty Images, elleon/iStock/Getty Images, AlexanderDavid/iStock/Getty Images
Página 4: FatCamera/iStock/Getty Images, PCHT/Shutterstock.com/ID/BR, Tales Azzi/Pulsar Imagens, Helga Chirk/Shutterstock.com/ID/BR, BuddyFly/iStock/Getty Images
Página 5: Rita Barreto/Acervo da fotógrafa, thieury/Shutterstock.com/ID/BR, Dirima/iStock/Getty Images, agustavop/iStock/Getty Images
Página 6: Elkin Restrepo/Shutterstock.com/ID/BR, fotoedu/iStock/Getty Images, pirita/iStock/Getty Images, Alexander Raths/Shutterstock.com/ID/BR
Página 7: Maica/iStock/Getty Images, smalldaruma/Shutterstock.com/ID/BR, THEPALMER/iStock/Getty Images
Página 8: Monkey Business Images/Shutterstock.com/ID/BR

CONVERSA COM A FAMÍLIA

A COLEÇÃO **ALECRIM** FOI CUIDADOSAMENTE PENSADA PARA AUXILIAR A CRIANÇA QUE ESTÁ NA EDUCAÇÃO INFANTIL A AMPLIAR SEUS CONHECIMENTOS, EXPERIÊNCIAS E HABILIDADES.

A FAMÍLIA TEM UM PAPEL MUITO IMPORTANTE NO ACOMPANHAMENTO DAS APRENDIZAGENS E DO DESENVOLVIMENTO DA CRIANÇA NESSA ETAPA.

SUGERIMOS A SEGUIR ALGUMAS PRÁTICAS QUE PODEM AUXILIÁ-LA NESSE PROCESSO.

- **A CAPACIDADE DE OBSERVAR TAMBÉM SE APRENDE.** DEDIQUE ALGUM TEMPO, SEM PRESSA, PARA OBSERVAR O MUNDO COM A CRIANÇA. CONTE A ELA O QUE VOCÊ VÊ E ENCORAJE-A A COMPARTILHAR AS SUAS PRÓPRIAS OBSERVAÇÕES.
- **CONVERSAR COM A CRIANÇA É FUNDAMENTAL.** USE UM VOCABULÁRIO ADEQUADO E CORRETO, SEM MUITOS DIMINUTIVOS, E QUE SEJA COMPREENSÍVEL PARA ELA. ESTIMULE-A A FALAR SOBRE SUAS DESCOBERTAS E OUÇA-AS COM ATENÇÃO.
- **BRINCAR COM A CRIANÇA ESTIMULA SUA IMAGINAÇÃO, A CRIATIVIDADE E O DESENVOLVIMENTO DA APRENDIZAGEM.**
- **O HÁBITO DA LEITURA DEVE SER INCENTIVADO DESDE CEDO.** ESCOLHA LIVROS ADEQUADOS À FAIXA ETÁRIA DA CRIANÇA E LEIA PARA ELA. PEÇA À CRIANÇA QUE O AJUDE NA ESCOLHA.

EQUIPE EDITORIAL

CONHEÇA SEU LIVRO: AS FICHAS DE TRABALHO

O LIVRO É DIVIDIDO EM PARTES CHAMADAS **UNIDADES**.

CADA UNIDADE APRESENTA 24 **FICHAS DE TRABALHO**. AS FICHAS PODEM SER DESTACADAS PARA FACILITAR SEU MANUSEIO.

CAPA
UTILIZE ESTA CAPA PARA ORGANIZAR OS SEUS TRABALHOS NO FINAL DO ESTUDO DA UNIDADE.

FICHA DESTACÁVEL

FICHA DE TRABALHO
AS FICHAS APRESENTAM ATIVIDADES PARA VOCÊ DESENVOLVER COM A MEDIAÇÃO DO PROFESSOR.

FICHA INICIAL
A PRIMEIRA FICHA DA UNIDADE RETRATA UMA SALA DE AULA E APRESENTA O TEMA QUE SERÁ TRABALHADO.

FICHA FINAL
NA ÚLTIMA FICHA DA UNIDADE, VOCÊ VAI FAZER UMA RETOMADA DO QUE APRENDEU.

CONHEÇA SEU LIVRO: OS COMPLEMENTOS

ENCARTES
ENCARTES DE FORMAS E CORES VARIADAS PARA ATIVIDADES ESPECÍFICAS DAS FICHAS DE TRABALHO.

LIVROS DE CONTOS
DOIS LIVROS PARA OUVIR, LER, CONTAR E RECONTAR HISTÓRIAS.

PLANETA VERDE
DOIS LIVROS PARA CONHECER UM POUCO MAIS SOBRE O MUNDO À SUA VOLTA E REFLETIR SOBRE FORMAS DE RESPEITAR E PRESERVAR O MEIO AMBIENTE.

SUMÁRIO

UNIDADE 1 ♥ MINHA ESCOLA

INTRODUÇÃO MINHA SALA DE AULA — **1**	**NATUREZA E SOCIEDADE** A SALA DE AULA — **2**	**EDUCAÇÃO EMOCIONAL** RECONHECER A ALEGRIA — **3**	**EDUCAÇÃO EMOCIONAL** RECONHECER A TRISTEZA — **4**	**NATUREZA E SOCIEDADE** A ESCOLA — **5**	**PENSAMENTO LÓGICO-MATEMÁTICO** VERMELHO — **6**
PENSAMENTO LÓGICO-MATEMÁTICO CÍRCULO — **7**	**PENSAMENTO LÓGICO-MATEMÁTICO** GRANDE / PEQUENO — **8**	**PENSAMENTO LÓGICO-MATEMÁTICO** AMARELO — **9**	**PENSAMENTO LÓGICO-MATEMÁTICO** AZUL — **10**	**PENSAMENTO LÓGICO-MATEMÁTICO** ALTO / BAIXO — **11**	**PENSAMENTO LÓGICO-MATEMÁTICO** VERMELHO / AMARELO / AZUL — **12**
PENSAMENTO LÓGICO-MATEMÁTICO MUITOS / POUCOS — **13**	**PENSAMENTO LÓGICO-MATEMÁTICO** MAIS QUE / MENOS QUE — **14**	**NATUREZA E SOCIEDADE** O RECREIO — **15**	**PENSAMENTO LÓGICO-MATEMÁTICO** OBSERVAR DIFERENÇAS — **16**	**NATUREZA E SOCIEDADE** HÁBITOS DE HIGIENE — **17**	**NATUREZA E SOCIEDADE** RECICLAGEM — **18**
LINGUAGENS RECONHECER E IMITAR OS SONS — **19**	**LINGUAGENS** *CRIANÇAS BRINCANDO*, DE CÂNDIDO PORTINARI — **20**	**LINGUAGENS** VOCABULÁRIO: OS BRINQUEDOS DA SALA DE AULA — **21**	**LINGUAGENS** ADIVINHA — **22**	**LINGUAGENS** ADIVINHAS — **23**	**RETOMADA** O QUE APRENDEMOS? — **24**

SUMÁRIO

UNIDADE 2 — MEU CORPO

1. INTRODUÇÃO — MEU CORPO
2. NATUREZA E SOCIEDADE — AS PARTES DO ROSTO
3. EDUCAÇÃO EMOCIONAL — RECONHECER A TRISTEZA
4. PENSAMENTO LÓGICO-MATEMÁTICO — NÚMEROS 1 E 2
5. PENSAMENTO LÓGICO-MATEMÁTICO — NÚMEROS 1 E 2
6. PENSAMENTO LÓGICO-MATEMÁTICO — SOMBRAS
7. NATUREZA E SOCIEDADE — AS PARTES DO CORPO
8. NATUREZA E SOCIEDADE — OS BRAÇOS E AS MÃOS
9. NATUREZA E SOCIEDADE — O USO RESPONSÁVEL DA ÁGUA
10. PENSAMENTO LÓGICO-MATEMÁTICO — NÚMEROS 1 E 2
11. PENSAMENTO LÓGICO-MATEMÁTICO — IGUAL / DIFERENTE
12. NATUREZA E SOCIEDADE — RELACIONAR MOVIMENTOS E PARTES DO CORPO
13. EDUCAÇÃO EMOCIONAL — IDENTIFICAR O QUE GOSTA DE FAZER
14. PENSAMENTO LÓGICO-MATEMÁTICO — TODOS / NENHUM
15. PENSAMENTO LÓGICO-MATEMÁTICO — FRENTE / ATRÁS
16. LINGUAGENS — *TARDE DE DOMINGO NA ILHA DE GRAND JATTE*, DE GEORGES-PIERRE SEURAT
17. PENSAMENTO LÓGICO-MATEMÁTICO — ALTO / BAIXO
18. LINGUAGENS — *PULGUINHA*
19. NATUREZA E SOCIEDADE — FRUTAS FAVORITAS
20. LINGUAGENS — *PULGUINHA*
21. NATUREZA E SOCIEDADE — PARTES DO CORPO
22. NATUREZA E SOCIEDADE — CONSULTA MÉDICA
23. LINGUAGENS — *O PATINHO FEIO*
24. RETOMADA — O QUE APRENDEMOS?

SUMÁRIO

UNIDADE 3 — O QUE VISTO?

1. **INTRODUÇÃO** — O QUE VISTO QUANDO ESTÁ FRIO?
2. **NATUREZA E SOCIEDADE** — SÍMBOLOS DO TEMPO ATMOSFÉRICO
3. **NATUREZA E SOCIEDADE** — O TEMPO ATMOSFÉRICO
4. **NATUREZA E SOCIEDADE** — CHUVA E FRIO
5. **EDUCAÇÃO EMOCIONAL** — JÁ SEI FAZER
6. **PENSAMENTO LÓGICO-MATEMÁTICO** — NÚMEROS 3 E 4
7. **PENSAMENTO LÓGICO-MATEMÁTICO** — CLASSIFICAÇÃO POR COR (AZUL E AMARELO)
8. **PENSAMENTO LÓGICO-MATEMÁTICO** — O MAIOR
9. **LINGUAGENS** — LETRA E
10. **PENSAMENTO LÓGICO-MATEMÁTICO** — NÚMEROS 3 E 4
11. **PENSAMENTO LÓGICO-MATEMÁTICO** — CLASSIFICAR PELA FUNÇÃO
12. **EDUCAÇÃO EMOCIONAL** — IDENTIFICAR A ALEGRIA E A TRISTEZA
13. **NATUREZA E SOCIEDADE** — AS ROUPAS DE FRIO
14. **PENSAMENTO LÓGICO-MATEMÁTICO** — QUEBRA-CABEÇA
15. **PENSAMENTO LÓGICO-MATEMÁTICO** — IGUAL / DIFERENTE
16. **PENSAMENTO LÓGICO-MATEMÁTICO** — NÚMEROS 3 E 4
17. **PENSAMENTO LÓGICO-MATEMÁTICO** — SÉRIE LÓGICA
18. **NATUREZA E SOCIEDADE** — CALOR
19. **LINGUAGENS** — *AS MENINAS*, DE DIEGO VELÁZQUEZ
20. **PENSAMENTO LÓGICO-MATEMÁTICO** — QUADRADO / CÍRCULO
21. **PENSAMENTO LÓGICO-MATEMÁTICO** — SEQUÊNCIA LÓGICA
22. **PENSAMENTO LÓGICO-MATEMÁTICO** — PARA CIMA / PARA BAIXO
23. **LINGUAGENS** — FÁBULA
24. **RETOMADA** — O QUE APRENDEMOS?

UNIDADE 1 ♥ MINHA ESCOLA

 NOME ....

FICHA 1
Unidade 1

MINHA SALA DE AULA

VERSO DESENHE A SUA SALA DE AULA.

NOME ....

FICHA 2
Unidade 1

◆ PINTE O QUE O MENINO DEVE PENDURAR NO CABIDE.

 **NOME** ....

FICHA
3
Unidade 1

 SE VOCÊ ESTÁ ALEGRE

SE VOCÊ ESTÁ ALEGRE BATA PALMAS.
SE VOCÊ ESTÁ ALEGRE BATA PALMAS.
SE VOCÊ ESTÁ ALEGRE E QUER MOSTRAR A TODA GENTE,
SE VOCÊ ESTÁ ALEGRE BATA PALMAS.

SE VOCÊ ESTÁ ALEGRE BATA O PÉ.
SE VOCÊ ESTÁ ALEGRE BATA O PÉ.
SE VOCÊ ESTÁ ALEGRE E QUER MOSTRAR A TODA GENTE,
SE VOCÊ ESTÁ ALEGRE BATA O PÉ.

SE VOCÊ ESTÁ ALEGRE DÊ RISADA.
SE VOCÊ ESTÁ ALEGRE DÊ RISADA.
SE VOCÊ ESTÁ ALEGRE E QUER MOSTRAR A TODA GENTE,
SE VOCÊ ESTÁ ALEGRE DÊ RISADA.

DOMÍNIO PÚBLICO.

◆ INDIQUE A CRIANÇA QUE ESTÁ ALEGRE.

NOME ....

FICHA 4
Unidade 1

◆ INDIQUE O MENINO QUE ESTÁ TRISTE.
◆ POR QUE ELE ESTÁ TRISTE?

NOME ....

FICHA 5
Unidade 1

A ESCOLA

TODO DIA,

NA ESCOLA,

A PROFESSORA,

O PROFESSOR.

A GENTE APRENDE,

E BRINCA MUITO

COM DESENHO,

TINTA E COLA.

CLÁUDIO THEBAS. *AMIGOS DO PEITO*.
SÃO PAULO: FORMATO, 2009. P. 8.

◆ OUÇA O POEMA QUE O PROFESSOR VAI LER.
◆ DESENHE VOCÊ INDO PARA A ESCOLA.

NOME ....

VERMELHO

FICHA
6
Unidade 1

✦ CONTORNE CADA UM DOS OBJETOS VERMELHOS.

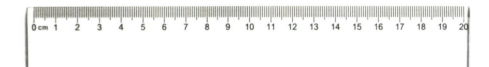

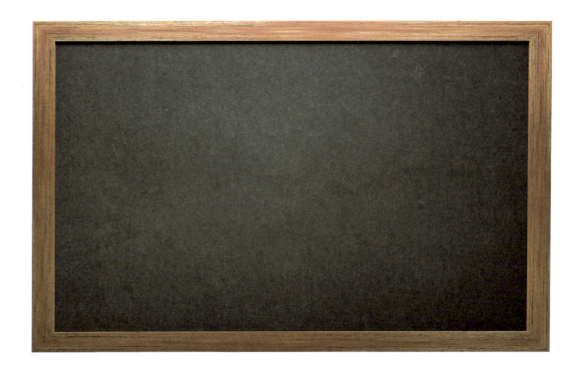

NOME ....

CÍRCULO

FICHA 7 — Unidade 1

◆ CONTORNE OS OBJETOS COM FORMA DE CÍRCULO.

NOME ....

GRANDE / PEQUENO

FICHA
8
Unidade 1

◆ CONTORNE A MOCHILA PEQUENA.
◆ PINTE A MOCHILA GRANDE.

NOME ....

AMARELO

FICHA
9
Unidade 1

◆ LIGUE OS OBJETOS DE COR AMARELA.

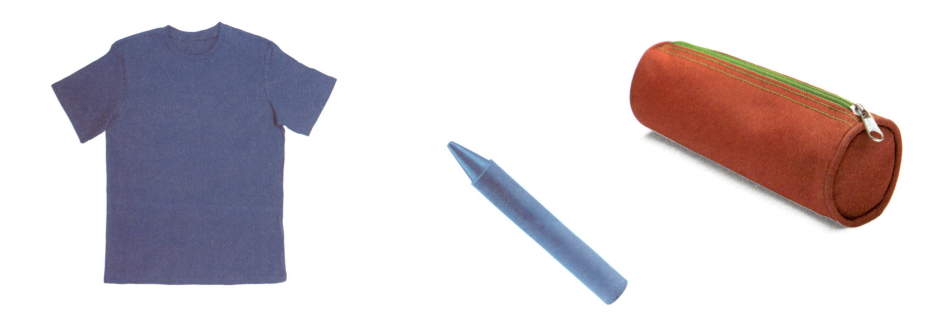

NOME ....

AZUL

FICHA **10**
Unidade 1

- ◆ CONTORNE OS OBJETOS AZUIS.
- ◆ DIGA AS CORES DOS OBJETOS QUE NÃO SÃO AZUIS.

NOME ....

ALTO / BAIXO

FICHA **11** Unidade 1

◆ PINTE DE AMARELO A CAMISETA DA CRIANÇA QUE ESTÁ NO ESCORREGADOR MAIS ALTO.
◆ PINTE DE AZUL A CAMISETA DA CRIANÇA QUE ESTÁ NO ESCORREGADOR MAIS BAIXO.

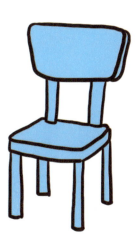

NOME ....

VERMELHO / AMARELO / AZUL

FICHA **12** Unidade 1

- ◆ DIGA DE QUE COR É A ROUPA DE CADA CRIANÇA.
- ◆ LIGUE CADA CRIANÇA À CADEIRA QUE TEM A COR DA ROUPA QUE ELA ESTÁ USANDO.

NOME ....

MUITOS / POUCOS

FICHA
13
Unidade 1

- QUAL BANDEJA TEM MUITOS CARRINHOS: A BANDEJA AMARELA OU A BANDEJA VERMELHA?
- DESENHE CARRINHOS NA BANDEJA QUE TEM POUCOS CARRINHOS.

NOME ....

MAIS QUE / MENOS QUE

FICHA
14
Unidade 1

- ◆ CONTORNE O COPO QUE TEM MAIS LÁPIS.
- ◆ COMPARE O COPO AMARELO AO COPO VERMELHO DIZENDO:
  TEM MAIS LÁPIS QUE / TEM MENOS LÁPIS QUE.

NOME ....

FICHA 15
Unidade 1

✦ FAÇA UM **X** NOS OBJETOS QUE NÃO SÃO DO PÁTIO DA ESCOLA.

VERSO DESENHE O QUE VOCÊ MAIS GOSTA DE FAZER NA ESCOLA.

NOME ....

FICHA
16
Unidade 1

◆ CONTE O QUE AS CRIANÇAS ESTÃO FAZENDO.
◆ QUAIS SÃO AS TRÊS DIFERENÇAS ENTRE AS DUAS CENAS?

NOME ....

FICHA
17
Unidade 1

◆ PINTE OS OBJETOS QUE AS CRIANÇAS VÃO USAR, APÓS A REFEIÇÃO, PARA LAVAR AS MÃOS.

NOME ....

FICHA 18
Unidade 1

◆ LIGUE CADA OBJETO À LIXEIRA ADEQUADA.

NOME ....

FICHA 19
Unidade 1

- CONTE O QUE AS CRIANÇAS ESTÃO FAZENDO.
- OBSERVE A ILUSTRAÇÃO. IMITE OS SONS QUE AS CRIANÇAS ESTÃO FAZENDO.

CRIANÇAS BRINCANDO, DE CÂNDIDO PORTINARI.

 NOME ....

FICHA 20
Unidade 1

CÂNDIDO PORTINARI (1903-1962)

CÂNDIDO PORTINARI NASCEU EM BRODOWSKI, NO INTERIOR DO ESTADO DE SÃO PAULO.

PORTINARI COMEÇOU A PINTAR COM 9 ANOS E, QUANDO JOVEM, COMEÇOU A ESTUDAR NA ESCOLA DE BELAS ARTES DO RIO DE JANEIRO. DEPOIS DE VISITAR MUITOS PAÍSES, COMO A ESPANHA, A FRANÇA E A ITÁLIA, DECIDIU QUE QUERIA MOSTRAR OS COSTUMES E O POVO DO BRASIL EM SEUS QUADROS.

PORTINARI TEM MUITAS OBRAS EM QUE RETRATA AS CRIANÇAS E SUAS BRINCADEIRAS.

✦ PINTE A MOLDURA DO QUADRO. USE CORES PARECIDAS COM AS CORES QUE PORTINARI USOU.

NOME ....

FICHA 21
Unidade 1

- DIGA O NOME DE CADA BRINQUEDO QUE ESTÁ FORA DA CAIXA.
- LIGUE CADA BRINQUEDO À SUA CAIXA.

22

 NOME ....

FICHA 22
Unidade 1

O QUE É, O QUE É?

TEM CAPA, MAS NÃO É SUPER-HOMEM.

TEM FOLHA, MAS NÃO É ÁRVORE.

DOMÍNIO PÚBLICO.

ENCARTE

◆ DESCUBRA A RESPOSTA DA ADIVINHA QUE O PROFESSOR VAI LER.

◆ DESTAQUE O ENCARTE QUE CORRESPONDE À RESPOSTA E COLE-O NA LOUSA DESENHADA NESTA FICHA.

O QUE É, O QUE É?

TEM COROA, MAS NÃO É REI.

TEM ESCAMA, MAS NÃO É PEIXE.

DOMÍNIO PÚBLICO.

O QUE É, O QUE É?

CAI EM PÉ

E CORRE DEITADO.

DOMÍNIO PÚBLICO.

 NOME ....

FICHA 23
Unidade 1

- ◆ DESCUBRA A RESPOSTA DE CADA ADIVINHA QUE O PROFESSOR VAI LER.
- ◆ FAÇA UM DESENHO PARA CADA UMA DELAS.

O QUE APRENDEMOS?

NOME ....

FICHA 24 — Unidade 1

♦ DESENHE SUA ESCOLA.

UNIDADE 2 • MEU CORPO

NOME ....

FICHA 1 — Unidade 2

MEU CORPO

◆ CONTORNE COM LÁPIS AZUL A CRIANÇA QUE MAIS SE PARECE COM VOCÊ. EXPLIQUE POR QUE ELA SE PARECE COM VOCÊ.

VERSO COMO É SEU CORPO? DESENHE O SEU CORPO COM TODAS AS PARTES DELE.

2

NOME ....

FICHA
2
Unidade 2

ENCARTE

- DESTAQUE AS PEÇAS DO ENCARTE E COLE AS PARTES QUE FALTAM NO ROSTO DA MENINA.
- DIGA O NOME DE CADA PARTE DO ROSTO.
- PINTE A MOLDURA DO QUADRO.

NOME ....

FICHA 3
Unidade 2

◆ PINTE O ROSTO QUE MOSTRA COMO O MENINO QUE SE MACHUCOU SE SENTE.
◆ DIGA COMO OS AMIGOS PODEM AJUDÁ-LO.

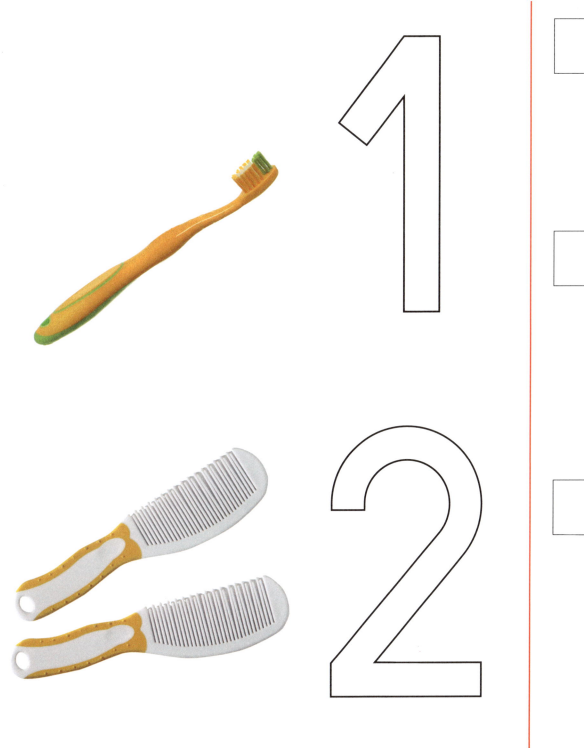

4

NOME ....

FICHA 4
Unidade 2

- PINTE O NÚMERO **1**.
- FAÇA UM **X** AO LADO DO QUADRO EM QUE HÁ 2 OBJETOS.

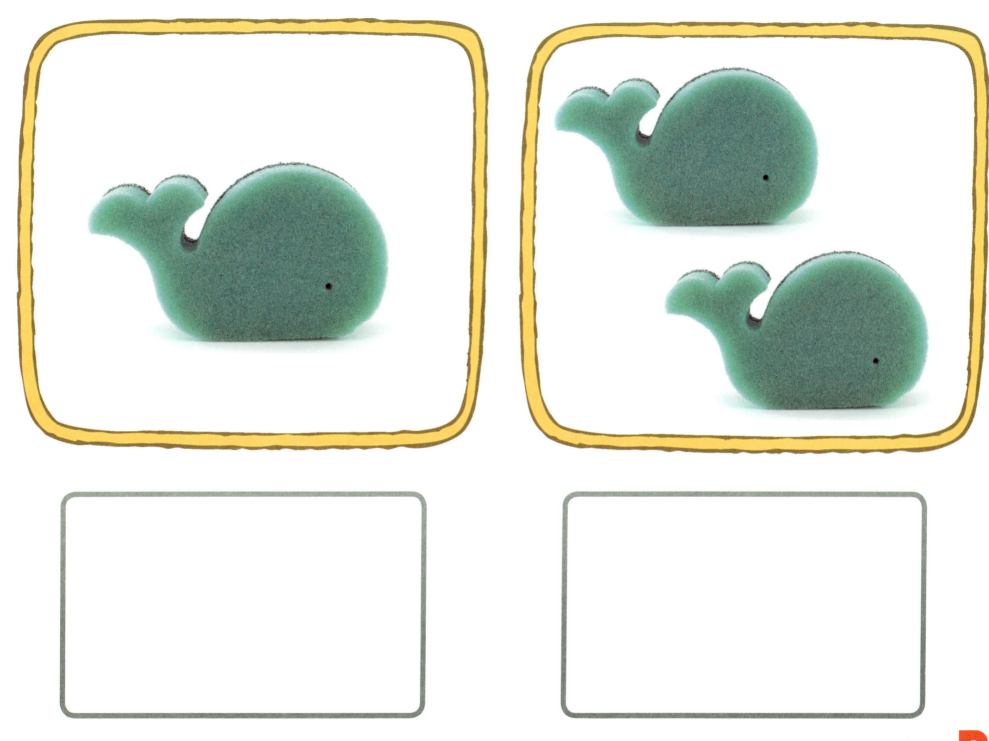

NOME ....

FICHA 5
Unidade 2

◆ CONTE E REPRESENTE A QUANTIDADE DE ESPONJAS RETRATADAS EM CADA QUADRO.

NOME ....

FICHA 6
Unidade 2

QUANDO EU ERA

QUANDO EU ERA NENÊ, NENÊ, NENEZINHO,
EU ERA ASSIM... EU ERA ASSIM...
QUANDO EU ERA MENINA, MENINA, MENINA,
EU ERA ASSIM... EU ERA ASSIM...
QUANDO EU ERA MOCINHA, MOCINHA, MOCINHA,
EU ERA ASSIM... EU ERA ASSIM...
QUANDO EU ERA CASADA, CASADA, CASADA,
EU ERA ASSIM... EU ERA ASSIM...
QUANDO EU ERA MAMÃE, MAMÃE, MAMÃE,
EU ERA ASSIM... EU ERA ASSIM...
QUANDO EU ERA VOVÓ, VOVÓ, VOVÓ,
EU ERA ASSIM... EU ERA ASSIM...
QUANDO EU ERA CADUCA, CADUCA, CADUCA,
EU ERA ASSIM... EU ERA ASSIM...
QUANDO EU ERA CAVEIRA, CAVEIRA, CAVEIRA,
EU ERA ASSIM... EU ERA ASSIM...

DOMÍNIO PÚBLICO.

- ◆ LIGUE CADA FOTOGRAFIA À SUA SOMBRA.
- ◆ CANTE A CANTIGA COM A TURMA.

NOME ....

FICHA 7
Unidade 2

CABEÇA, OMBRO, JOELHO E PÉ

CABEÇA, OMBRO, JOELHO E PÉ.
JOELHO E PÉ.
CABEÇA, OMBRO, JOELHO E PÉ.
JOELHO E PÉ.
OLHOS, OUVIDOS, BOCA E NARIZ.
CABEÇA, OMBRO, JOELHO E PÉ.
JOELHO E PÉ.

DOMÍNIO PÚBLICO.

✦ PINTE A CAMISETA DAS CRIANÇAS QUE ESTÃO FAZENDO O MESMO MOVIMENTO QUE A PROFESSORA.
✦ CANTE E DANCE INDICANDO A PARTE DO CORPO DE ACORDO COM A MÚSICA.

NOME ....

FICHA **8**
Unidade 2

✦ O QUE AS CRIANÇAS ESTÃO FAZENDO COM OS BRAÇOS E COM AS MÃOS?

VERSO DESENHE A BRINCADEIRA DE QUE VOCÊ MAIS GOSTA.

NOME ....

FICHA **9** Unidade 2

- ✦ O QUE AS CRIANÇAS ESTÃO FAZENDO?
- ✦ PINTE DE AZUL O CÍRCULO DA IMAGEM EM QUE AS CRIANÇAS GASTAM POUCA ÁGUA.
- ✦ O QUE AS CRIANÇAS QUE GASTAM MUITA ÁGUA PODEM FAZER PARA GASTAR MENOS ÁGUA?

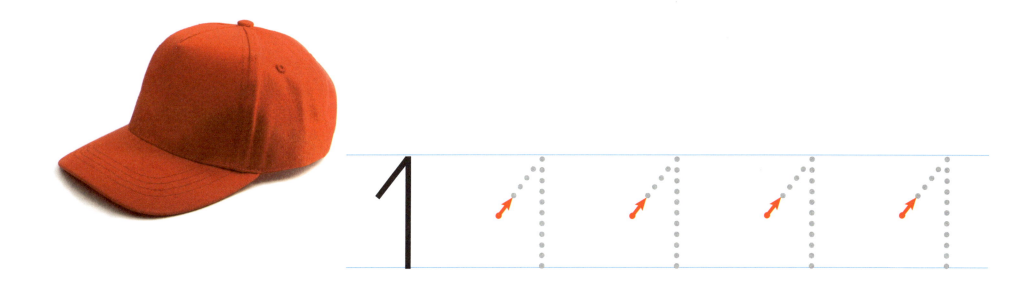

NOME ....

FICHA 10
Unidade 2

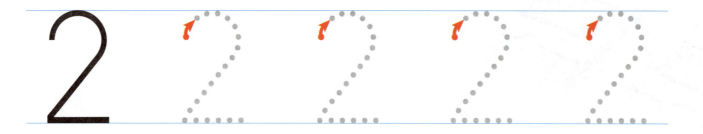

✦ ESCREVA O NÚMERO **1** SEGUINDO O PONTILHADO E AS SETAS.
✦ ESCREVA O NÚMERO **2** SEGUINDO O PONTILHADO E AS SETAS.
VERSO ESCREVA OS NÚMEROS **1** E **2** SEGUINDO O PONTILHADO E AS SETAS.

NOME ....

IGUAL / DIFERENTE

FICHA **11**
Unidade 2

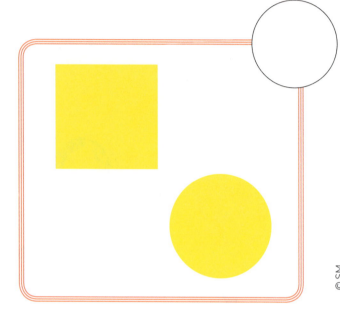

ENCARTE

✦ DESTAQUE AS PEÇAS DO ENCARTE.
— COLE NO CABIDE AZUL A CAMISETA IGUAL À CAMISETA DA FICHA.
— COLE NO CABIDE VERMELHO A CAMISETA DIFERENTE DA CAMISETA DA FICHA.

VERSO PINTE O CÍRCULO DA IMAGEM EM QUE AS DUAS FIGURAS SÃO DIFERENTES.

NOME ....

FICHA
12
Unidade 2

ENCARTE

✦ O QUE AS CRIANÇAS ESTÃO FAZENDO?
✦ DESTAQUE AS PEÇAS DO ENCARTE E COLE AS PARTES DO CORPO QUE AS CRIANÇAS MAIS ESTÃO USANDO EM CADA FOTO.

NOME ....

FICHA 13
Unidade 2

◆ O QUE AS CRIANÇAS ESTÃO FAZENDO?
◆ DECORE A MOLDURA.

NOME ....

TODOS / NENHUM

FICHA
14
Unidade 2

◆ PINTE DE VERMELHO OS PUXADORES DA GAVETA EM QUE TODAS AS MEIAS SÃO VERMELHAS.
◆ PINTE DE AZUL OS PUXADORES DA GAVETA QUE NÃO TEM NENHUMA MEIA VERMELHA.

NOME ....

FICHA **15**
Unidade 2

- A PROFESSORA ESTÁ NA FRENTE OU ATRÁS DO MENINO DE OLHOS VENDADOS?
- FELIPE E AMANDA ESTÃO SENTADOS DE FRENTE OU DE COSTAS UM PARA O OUTRO?

DETALHE DE *TARDE DE DOMINGO NA ILHA DE GRAND JATTE*, DE GEORGES-PIERRE SEURAT.

 NOME ....

FICHA 16
Unidade 2

GEORGES-PIERRE SEURAT (1859-1891)

GEORGES-PIERRE SEURAT NASCEU EM PARIS, NA FRANÇA. SEUS PAIS LOGO PERCEBERAM QUE ELE TINHA TALENTO PARA O DESENHO E O INCENTIVARAM A CURSAR A ESCOLA DE BELAS ARTES, ONDE APRENDEU PINTURA E ESCULTURA. DURANTE SEUS ESTUDOS, VISITOU MUITOS MUSEUS DE PARIS, COMO O LOUVRE, E CONHECEU OBRAS DE MUITOS PINTORES FAMOSOS, QUE COPIAVA PARA PRATICAR.

AOS 25 ANOS, REUNIA-SE COM SEUS AMIGOS PINTORES PARA DISCUTIR O QUE IAM FAZER. ASSIM NASCEU O PONTILHISMO, UMA PINTURA FEITA COM PEQUENAS MANCHAS OU PONTOS DE COR QUE SÃO COLOCADOS DE MODO QUE JUNTOS CRIAM UMA IMAGEM.

NO INÍCIO, AS OBRAS DE SEURAT NÃO AGRADARAM, MAS DEPOIS FOI CONSIDERADO UM ARTISTA IMPORTANTE.

◆ FAÇA UMA PINTURA USANDO A PONTA DOS DEDOS.

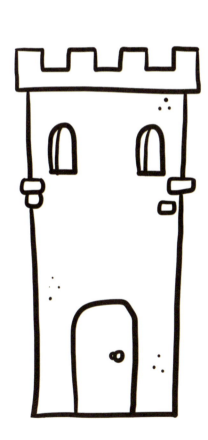
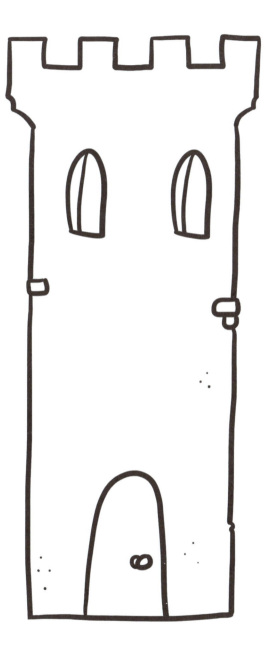

NOME ....

ALTO / BAIXO

FICHA
17
Unidade 2

- ✦ PINTE DE VERMELHO A TORRE MAIS ALTA.
- ✦ PINTE DE AZUL A TORRE MAIS BAIXA.
- ✦ PINTE DE AMARELO A OUTRA TORRE.
- ✦ COMPARE AS TORRES DIZENDO: É MAIS ALTA QUE / É MAIS BAIXA QUE.

PULGUINHA

NOME ....

FICHA 18
Unidade 2

ENCARTE

✦ DESTAQUE A CENA DO INÍCIO DA HISTÓRIA DO ENCARTE E COLE-A NA FICHA.

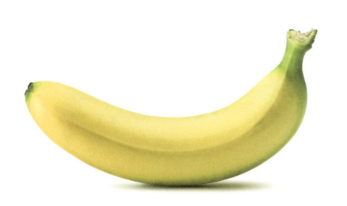
BANANA

LARANJA

PERA

UVA

MAMÃO

MAÇÃ

NOME ....

FICHA 19
Unidade 2

◆ CONTORNE AS FRUTAS DE QUE MAIS GOSTA.

NOME ....

FICHA 20
Unidade 2

✦ PINTE O DESENHO DA PERSONAGEM DA HISTÓRIA QUE O PROFESSOR CONTOU.
✦ CONTE A PARTE DA HISTÓRIA EM QUE O BOI APARECE.

NOME ....

FICHA 21
Unidade 2

MEU CORPO

EU TENHO DOIS OLHOS
QUE SÃO PARA VER.

EU TENHO UM NARIZ
QUE É BOM PARA CHEIRAR.

EU TENHO UMA BOCA:
SERVE PARA COMER.

EU TENHO ORELHAS
QUE SÃO PARA ESCUTAR.

TENHO DUAS PERNAS
E TENHO DOIS BRAÇOS
QUE SERVEM PRA ANDAR
E PARA OS ABRAÇOS.

RUTH ROCHA E JOÃO J. NORO.
MEU CORPO. SÃO PAULO: MELHORAMENTOS, 1983.

◆ ESCUTE O POEMA QUE O PROFESSOR VAI LER.
◆ "EU TENHO UM NARIZ
QUE É BOM PARA CHEIRAR."
CONTORNE A CRIANÇA QUE ILUSTRA ESSE TRECHO DO POEMA.

NOME ....

FICHA 22
Unidade 2

◆ O MENINO SE MACHUCOU. PINTE NO CARTAZ AS PARTES DO CORPO QUE ELE MACHUCOU.

VERSO DESENHE UMA PARTE DO CORPO QUE VOCÊ JÁ MACHUCOU.

 NOME ....

FICHA 23
Unidade 2

ENCARTE

✦ OUÇA A HISTÓRIA QUE O PROFESSOR VAI CONTAR.
✦ DESTAQUE AS PEÇAS DO ENCARTE. FAÇA O QUE O PROFESSOR INDICAR.
✦ DEPOIS, COLE AS PEÇAS DO ENCARTE NA FICHA.

VERSO FAÇA UM DESENHO PARA A HISTÓRIA DO PATINHO FEIO.

O QUE APRENDEMOS?

O QUE APRENDEMOS?

NOME ....

FICHA 24
Unidade 2

◆ DENTRO DA MOLDURA AZUL, DESENHE VOCÊ AO LADO DE UM AMIGO OU DE UMA AMIGA DE QUEM VOCÊ GOSTA.

UNIDADE 3 • O QUE VISTO?

FICHA 1
Unidade 3

NOME ....

O QUE VISTO QUANDO ESTÁ FRIO?

- ◆ LÁ FORA ESTÁ CHOVENDO. PINTE A NUVEM QUE REPRESENTA A CHUVA.
- ◆ CONTORNE AS CRIANÇAS QUE NÃO ESTÃO COM UNIFORME.
- ◆ PINTE DE AMARELO A BANDEJA QUE ESTÁ VAZIA.

VERSO DESENHE O QUE VOCÊ VESTE NO FRIO.

NOME ....

FICHA 2
Unidade 3

ENCARTE

✦ COMO ESTÁ O TEMPO NAS FOTOGRAFIAS?
✦ DESTAQUE DO ENCARTE AS PEÇAS COM O DESENHO QUE REPRESENTA O TEMPO MOSTRADO NAS FOTOS E COLE-AS NA FICHA.

NOME ....

FICHA 3
Unidade 3

◆ COMPLETE O DESENHO DE ACORDO COM O TEMPO QUE ESTÁ FAZENDO HOJE NO LUGAR ONDE VOCÊ MORA.

NOME

FICHA 4
Unidade 3

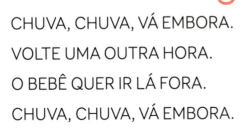

CHUVA, CHUVA, VÁ EMBORA.
VOLTE UMA OUTRA HORA.
O BEBÊ QUER IR LÁ FORA.
CHUVA, CHUVA, VÁ EMBORA.

DOMÍNIO PÚBLICO.

✦ CANTE COM OS COLEGAS A CANÇÃO QUE O PROFESSOR VAI ENSINAR.
✦ PINTE O GUARDA-CHUVA DO MENINO.

 NOME ....

FICHA 5
Unidade 3

◆ FAÇA UM **X** NA IMAGEM QUE MOSTRA O QUE VOCÊ JÁ SABE FAZER SOZINHO.

NOME ....

FICHA 6
Unidade 3

- ◆ PINTE DE AMARELO O NÚMERO **3**.
- ◆ PINTE DE AZUL O NÚMERO **4**.
- ◆ FAÇA UM **X** AO LADO DO QUADRO EM QUE HÁ 3 OBJETOS.

NOME ....

CLASSIFICAÇÃO POR COR (AZUL E AMARELO)

FICHA
7
Unidade 3

- ◆ LIGUE OS OBJETOS DE COR AZUL À CAIXA AZUL.
- ◆ LIGUE OS OBJETOS DE COR AMARELA À CAIXA AMARELA.
- ◆ CONTORNE O OBJETO QUE NÃO FOI PARA NENHUMA CAIXA.

NOME ....

O MAIOR

FICHA
8
Unidade 3

ENCARTE

◆ DESTAQUE AS NUVENS DO ENCARTE E COLE-AS NO CÉU.
◆ COLE PEDAÇOS DE ALGODÃO NA NUVEM MAIOR.

EDUARDO

PIRATA

ELEFANTE

NOME ....

FICHA **9**
Unidade 3

ENCARTE

✦ DESTAQUE O ROSTO DE EDUARDO DO ENCARTE E COLE-O NA FANTASIA QUE TAMBÉM COMEÇA COM A LETRA **E**.

 NOME ....

FICHA
10
Unidade 3

◆ CONTE E REPRESENTE QUANTOS ELEMENTOS HÁ EM CADA QUADRO.

PARA COMER	PARA BRINCAR	PARA VESTIR

NOME ....

FICHA 11
Unidade 3

ENCARTE

✦ DESTAQUE AS PEÇAS DO ENCARTE E DIGA O NOME DE CADA OBJETO.
✦ COLE OS OBJETOS NO LUGAR ADEQUADO.

NOME ....

FICHA 12
Unidade 3

◆ PINTE A ROUPA DA CRIANÇA QUE ESTÁ TRISTE.
◆ QUE MOVIMENTO CORPORAL A CRIANÇA QUE ESTÁ ALEGRE ESTÁ FAZENDO?

NOME ....

FICHA 13
Unidade 3

◆ PINTE A ROUPA DA MENINA COM AS CORES DAS ROUPAS DAS FOTOGRAFIAS.
◆ COLE PEDAÇOS DE PAPEL NA SAIA DA MENINA.

NOME ....

FICHA 14
Unidade 3

ENCARTE

◆ DESTAQUE DO ENCARTE E COLE A PEÇA QUE FALTA PARA COMPLETAR A FIGURA.

FICHA 15 — Unidade 3

NOME

✦ CONTORNE AS ROUPAS QUE SÃO IGUAIS ÀS ROUPAS DO MENINO.
✦ RISQUE A ROUPA QUE É DIFERENTE DAS ROUPAS DO MENINO.

NOME ....

FICHA **16**
Unidade 3

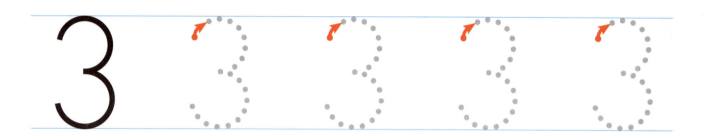

◆ ESCREVA O NÚMERO **3** SEGUINDO O PONTILHADO E AS SETAS.
◆ ESCREVA O NÚMERO **4** SEGUINDO O PONTILHADO E AS SETAS.
VERSO ESCREVA OS NÚMEROS **3** E **4** SEGUINDO O PONTILHADO E AS SETAS.

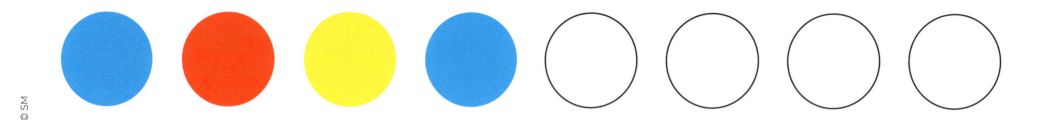

NOME ....

FICHA 17
Unidade 3

◆ CONTINUE A SEQUÊNCIA DE CÍRCULOS.

NOME ....

FICHA 18
Unidade 3

✦ QUE ROUPAS VOCÊ GOSTA DE USAR QUANDO FAZ CALOR?

VERSO DESENHE O QUE VOCÊ GOSTA DE FAZER EM UM DIA DE CALOR.

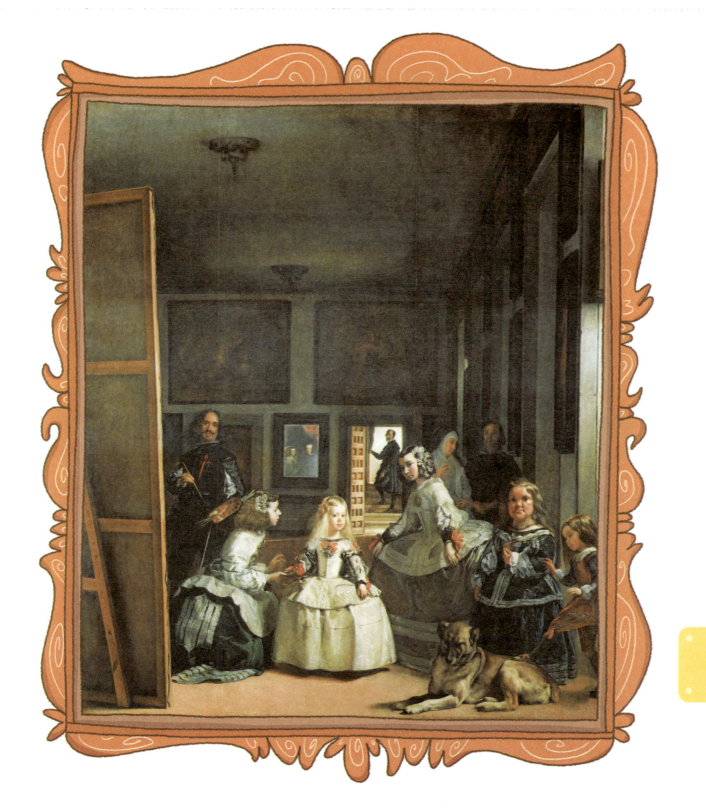

AS MENINAS, DE DIEGO VELÁZQUEZ.

NOME ....

FICHA 19
Unidade 3

DIEGO VELÁZQUEZ (1599-1660)

DIEGO VELÁZQUEZ NASCEU EM SEVILHA, NA ESPANHA. QUANDO TINHA 10 ANOS, COMEÇOU A FREQUENTAR AS AULAS DE PINTURA. APAIXONOU-SE POR UMA DAS FILHAS DO PROFESSOR E MAIS TARDE CASOU-SE COM ELA.

NAQUELA ÉPOCA, O REI FELIPE IV DA ESPANHA CONTRATOU VELÁZQUEZ PARA PINTAR UM QUADRO DE SUA FAMÍLIA, POIS ERA COMUM QUE OS REIS CONTRATASSEM PINTORES PARA FAZER ESSE TRABALHO. EM MUITOS QUADROS DO PINTOR, APARECEM RETRATADAS PESSOAS DA FAMÍLIA REAL.

NO QUADRO *AS MENINAS*, A PERSONAGEM PRINCIPAL É A PRINCESA MARGARIDA, FILHA DO REI FELIPE IV. TAMBÉM ESTÃO RETRATADOS VELÁZQUEZ, COM A PALETA DE PINTOR, E UM CACHORRO.

✦ OBSERVE AS ROUPAS DAS PESSOAS QUE ESTÃO NO QUADRO. SÃO ROUPAS IGUAIS ÀS ROUPAS QUE VOCÊ USA OU SÃO DIFERENTES?

✦ VOCÊ ACHA QUE AS PESSOAS USAVAM ESSAS ROUPAS QUANDO ESTAVA FAZENDO FRIO OU CALOR?

NOME ....

QUADRADO / CÍRCULO

FICHA
20
Unidade 3

◆ PINTE OS QUADRADOS COM LÁPIS AMARELO.
◆ PINTE OS CÍRCULOS COM LÁPIS AZUL.

NOME ....

FICHA 21
Unidade 3

◆ CONTINUE A SEQUÊNCIA DE QUADRADOS.

NOME ....

PARA CIMA / PARA BAIXO

FICHA **22**
Unidade 3

SAPO-CURURU

SAPO-CURURU
NA BEIRA DO RIO,
QUANDO O SAPO CANTA,
OH, MANINHA,
É QUE ESTÁ COM FRIO!

DOMÍNIO PÚBLICO.

- ✦ PINTE DE VERMELHO A LINHA QUE VAI PARA CIMA.
- ✦ PINTE DE AZUL A LINHA QUE VAI PARA BAIXO.
- ✦ PASSE O DEDO SOBRE O CAMINHO QUE VAI PARA CIMA E DIGA: VAI PARA CIMA.
- ✦ PASSE O DEDO SOBRE O CAMINHO QUE VAI PARA BAIXO E DIGA: VAI PARA BAIXO.
- ✦ CANTE A CANTIGA DO SAPO-CURURU COM A TURMA.

NOME ....

FICHA 23
Unidade 3

✦ O QUE VAI ACONTECER COM O RATO? COM OS COLEGAS, CRIE UMA HISTÓRIA.

VERSO DESENHE O FINAL DA HISTÓRIA.

O QUE APRENDEMOS?

NOME ....

FICHA
24
Unidade 3

◆ QUAIS ROUPAS VOCÊ SABE VESTIR SOZINHO? DESENHE AS PEÇAS DENTRO DA MOLDURA VERDE.
◆ DENTRO DA MOLDURA AZUL, DESENHE A ATIVIDADE DE QUE VOCÊ MAIS GOSTOU.

ENCARTES

UNIDADE 2 • FICHA 12

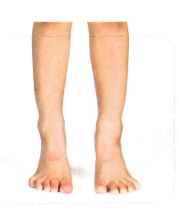
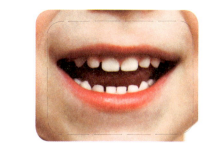

UNIDADE 2 • FICHA 2

UNIDADE 1 • FICHA 22

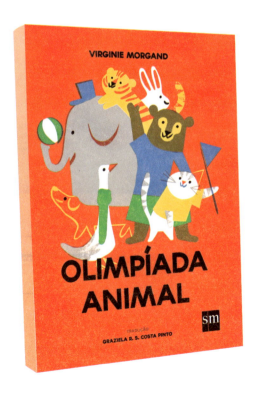

UNIDADE 3 • FICHA 2   **UNIDADE 2** • FICHA 23   **UNIDADE 2** • FICHA 11

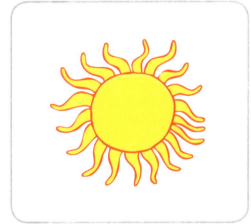

UNIDADE 3 • FICHA 9

UNIDADE 3 • FICHA 8

UNIDADE 2 • FICHA 18

UNIDADE 3 • FICHA 14

UNIDADE 3 • FICHA 11